Antonio Mira de Amescua

La vida y muerte de la monja de Portugal

Edición de Vern Williamsen

Barcelona **2024**
Linkgua-ediciones.com

Créditos

Título original: La vida y muerte de la monja de Portugal.

© 2024, Red ediciones S.L.

e-mail: info@linkgua.com

Diseño de cubierta: Michel Mallard.

ISBN rústica: 978-84-9816-102-1.
ISBN ebook: 978-84-9897-579-6.

Sumario

Créditos _____ **4**

Brevísima presentación _____ **7**
   La vida _____ 7

Personajes _____ **8**

Jornada primera _____ **9**

Jornada segunda _____ **45**

Jornada tercera _____ **79**

Libros a la carta _____ **115**

Brevísima presentación

La vida

Antonio Mira de Amescua (Guadix, Granada, c. 1574-1644). España.
De familia noble, estudió teología en Guadix y Granada, mezclando su sacerdocio con su dedicación a la literatura. Estuvo en Nápoles al servicio del conde de Lemos y luego vivió en Madrid, donde participó en justas poéticas y fiestas cortesanas.

Personajes

Don Juan de Almeida
Don Diego de Castro
Don Luis
Don Pedro
Alberto, viejo, padre de don Juan
El duque de Viseo
La duquesa
El duque de Medina Sidonia
El duque de Berganza
Tabaco, criado
Vallejo, criado
Doña María
Doña Juana, monja dominicana
Teresa, criada
Luzbel
La Lisonja
La Vanagloria
La Adulación
El Deleite
El Desengaño
Tres pescadores
Músicos
Un niño Jesús

Jornada primera

[Salen don Juan, don Diego, don Luis y don Pedro, con espadas desnudas.]

Diego   La suerte fue bien juzgada.

Juan   Miente quien lo dice.

Diego   ¡Muera!
                      ¡Apartaos! ¡Dejadme!

Juan   ¡Fuera!
            Y si punta de mi espada
              no quieren que pase el pecho
            al primero que llegare,
            téngase afuera, y repare
            en mi razón.

(Salen acuchillándose.)

Luis   Fue mal hecho,
              y bastaba estar aquí
            dos caballeros diciendo
            la verdad.

Pedro   Y yo me ofendo
            de que se pierdan así
              el respeto; que en mi casa
            ha sido poca prudencia
            por el juego esta pendencia,
            y ya los límites pasa
               de desvergüenza, ¡por Dios!

Luis   Ha sido muy mal mirado.

Pedro	Vuelvo a decir que han andado muy descorteses los dos.
Luis	Señor don Pedro, ya he visto que se pudiera excusar daros aqueste pesar.

[Salen don Diego y don Juan.]

Diego	¡Mal el enojo resisto! ¡Vive Dios, que de afrentado apenas a hablar acierto!
Juan	Áspid no verá encubierto entre la hierba pisado el cazador más furioso que yo para la venganza.
Diego	Lograr pienso mi esperanza aunque aquí será forzoso disimular.
Luis	Las espadas, caballeros, no están bien desnudas.
Juan (Aparte.)	(Solo un desdén en razones mal fundadas parte ha sido y, ¡por los cielos!, que tomé por ocasión el juego; que el corazón es el que [s]e abrasa en celos. ¿Cuándo tan dichoso día

veré que de mi esperanza
coja el fruto? ¿Hay tal mudanza
que me dé doña María
favores y que a don Diego
trate con tanto rigor?)

Diego (Aparte.)   (No el juego, celos y amor
causan mi desasosiego.)

([Sale] Alberto, viejo.)

Alberto   Caballeros, por mi vida,
se me diga la ocasión
de este disgusto. Pasión
de padre os lo pide. Impida
este silencio mi ruego,
que don Juan, me ha parecido
que tiene el color perdido.

Luis   Disgustóse con don Diego
y las espadas sacaron.

Alberto   Saber la ocasión gustara.

Pedro   Sobre el juego.

Alberto   Cosa es clara
que entre pechos que se hallaron
términos de cortesía,
el juego viniera a ser
quien les hiciese perder.
Don Diego, por vida mía,
me dad la mano de amigo.
Mirad que os lo ruego yo.

Diego	Aunque descortés habló, señor, vuestro gusto sigo.
Alberto	Sus mocedades livianas aquí perdonar podréis. Esto os suplico pues veis a vuestras plantas mis canas.
Diego (Aparte.)	(Vive el cielo, que ha venido mi padre en esta ocasión para más indignación.)
Alberto	Aquesto os suplico y pido.
Diego	No solamente la mano pero los brazos os doy.
Alberto	Digo que obligado estoy a es[te hi]jo tan cortesano.
Diego	Quédese vuestra merced con Dios.
Alberto	Él vaya con vos. Acompañadle los dos.
Pedro	Señor Alberto, creed que le somos muy amigos a don Juan.
Alberto	Créolo así.

(Vanse don Pedro, don Luis y don Diego.)

| Juan (Aparte.) | (Mi padre me ofende a mí. |
| | Los cielos me son testigos.) |

Alberto	Don Juan, ¿es bueno que andéis
	dándome a mí pesadumbres?
	Vuestras antiguas costumbres
	ya es razón que las dejéis.
	¿No hay mil entretenimientos
	[par]a un caball[er]o tal?
	Noble sois en Portugal.
	Levantad los pensamientos.
	La espada negra podéis
	jugar, ejercicio honrado.

| Juan | ¿Señor? |

Alberto	Estoy enojado
	de ver lo que vos hacéis.
	Alborotáis a Lisboa
	a cada instante. Yo quiero
	ver, pues que soy caballero,
	si dejáis más nombre o loa,
	don Juan, en la tierra extraña.
	Edad y valor tenéis.
	Quiero que a España dejéis.
	No habéis de estar en España.
	El gran duque de Medina
	va con valor inmortal
	por capitán general
	de esta armada peregrina.
	Yo os alcanzaré favor
	para que de vos le acuerde.
	Reparad en que se pierde

el tiempo, y será mejor
    hacer [una heroica] guerra
a devaneos y a vicios
por honrados ejercicios
y servir siempre en la [tierra].
    Con mi sangre y con mi espada
me hizo el emperador
capitán, dándome honor.

Juan   Si mi disculpa te agrada,
                            oye...

Alberto   La ciudad inquieta.
                        De cierto sé que améis.
                        Más en mi casa no entréis
                        que os tiraré una escopeta.

(Vase [don Alberto].)

Juan   Cuando la luz entendí
                        gozar de aquella hermosura,
                        la noche triste y oscura
                        vino. ¿Qué [pasó]? ¡Ay de mí!
                            Ya, hermosa doña María,
                        te pierdo por esta ausencia,
                        pues la forzosa obediencia
                        de tanto bien me desvía.

([Sale] Luzbel, de galán.)

Luzbel   De mi estancia tenebrosa,
                        pues ya saben lo que valgo,
                        [a hacer guerra] al cielo salgo,
                        tan reñida y espantosa

que no esté de mí segura
el alma, pues mi rigor,
pues que no puede al Criador,
ha de coger la criatura.
　　Y sé que mi diligencia
igualará a mi desgracia;
que aunque he perdido la gracia,
infusa tengo la ciencia.
　　Y tiemble todo de mí
pues es tan justo te asombre
que no ha de gozar el hombre
la sala que yo perdí.
　　Pues no, aunque fuerte y bizarro,
es bien si no lo permite
que a un ángel de ella le quite
y ponga un poco de barro.

Juan	¿Pasáis de camino, hidalgo, que parecéis forastero?
Luzbel	A que me mandéis espero, si os puedo servir en algo 　　que parece que estáis triste.
Juan	Tengo bastante ocasión.
Luzbel	Que me digáis la razón me holgará, y en qué consiste.
Juan	Pártome de la ciudad cuando empezaba a tener favores de una mujer que es un ángel en beldad, 　　y es forzoso hacer ausencia.

Si queréis venir conmigo,
en mí tendréis un amigo;
que vuestro rostro y presencia
  dicen que sois principal.
¿Habéis estudiado?

Luzbel   Sí.
No hay oculta para mí
cosa alguna natural.
  Mi saber comprehende hasta hoy
del mundo el primero ser,
y si queréis entender
lo que puedo, aquesto soy:
  De la Alemania más alta
soy, y mi naturaleza
es la más noble que hizo
quien formó cielos y tierra.
De aquesta eminente patria
contarte las excelencias
quisiera, sin ser prolijo,
como allá Agustín lo cuenta
en Civita[s] Dei, don Juan.

Juan   Gusto que mi nombre sepas,
                   donde infiero me conoces.

Luzbel   Y sé mucho más que piensas.
                   Aquesta ilustre ciudad
                   se ilustra con once puertas,
                   de labor imprehensible,
                   que la adornan y hermosean.
                   En la primera da luz
                   con cuerpo opaco una densa
                   antorcha de cera blanca

a las tinieblas opuesta.
En la cuarta otra bizarra,
que doce casas pasea,
y a las plantas con sus rayos
las vivifica y engendra.
En la octava hay tantas luces
que la astronómica ciencia
de mil y veintidós trata,
porque en las demás no hay cuenta.
Después otra de cristal
que a no estar donde está puesta
las once se penetraran,
y el palacio real se viera.
Luego se ve otra movible
y ésta da cada año vuelta,
por un espíritu a todas
por divina providencia.
Aquí, pues, tuve mi ser
y con tan rara belleza
que al que me crió me opuse
y quise en civiles guerras
intentarlo, mas fue en vano;
que a mi arrogante altiveza
cual Faetón desvanecido,
lo derribó la soberbia.
Bandos, disensiones puse,
confusión, discordias, guerras,
y con trémulo rumor
se tocó una arma tremenda.
El Rey a un alférez suyo
da su poder y éste enseña
su valor, diciendo en alto
quien como él y sin fuerzas
los de mi bando quedaron,

y asientos cándidos dejan;
mas si puede haber consuelo,
aunque ninguno me queda,
es ver que el arrepentimiento
no es de mi naturaleza.
Y ver que con mi poder
pude derribar la tercia
parte, que cayó conmigo
sin que de ello se arrepienta.
Tremulando tengo al aire
en el orbe mis banderas.
Más gente la sigue al día
y se alista que allá en treinta.
De la región más hermosa,
más pura, cándida y bella,
he caído, donde en fin
tengo por luz las tinieblas.
Ésta, don Juan, es mi historia
y solo quiero que entiendas
que so un amigo del alma
y la sirvo muy de veras.
Bien sé que a doña María
adoras, y te desvela
su hermosura, y que don Diego
estima sus altas prendas.
Mira si sé pensamientos.
Y agora quiero que entiendas
otro secreto, que tú
es imposible lo adviertas.
Religiosa la has de ver
y si es que no lo remedias,
tus pensamientos verás,
don Juan, echados por tierra.

Juan	De tu prodigiosa historia puedo decir que me pena, aunque apenas la he entendido.
Luzbel	Pues yo me entiendo con penas.

(Sale Tabaco, gracioso con un papel.)

Tabaco	Presumo que es excusado pedirte de tales nuevas las albricias.
Juan	¿De qué forma?
Tabaco	Pienso que traigo respuesta muy a tu gusto.
Juan	Tabaco, premiaré tu diligencia con esta sortija.
Tabaco	Vivas, si es que disgusto se llevan, más que una suegra de un yerno, y más si heredas, es pena que el deseo inmortaliza.
Luzbel	Agrádame la estafeta. Óigame, señor hidalgo, galán de calceta y cuera.
Tabaco	¿Qué me quiere?
Luzbel	Por mi vida,

que en buen oficio se emplea.
No está la sortija mala.
¿Quiéreme feriar la piedra?

Tabaco   Pondréle la de un molino,
si me enojo, en la cabeza.

Luzbel   ¿Cómo llamas a este oficio
de llevar billetes? ¡Ea,
no se ha de enojar!

Tabaco   Hidalgo,
¡vive Cristo que me pesa
que dé tan curioso pique!

Luzbel   Dejemos burlas afuera
y déme la mano.

Tabaco   Tome.
¡Cuerpo de Dios, suelta, suelta!
¡Qué me abraso!

Luzbel   ¿De tan poco,
señor Tabaco, se queja?

Juan   ¡Cielos! ¿Es ésta ilusión?
¡Loco el contento me lleva!
¡Oh, esperanza bien lograda,
pues tuvo en favor sentencia!
¿Sabéis mi casa, hidalgo?

Luzbel   Muy bien la sé.

Juan   Pues en ella

aquesta tarde os aguardo.

Luzbel	Iré sin falta.

Tabaco
    A Teresa
doy un abrazo de a cuatro.

Luzbel
Pues yo sé cierto que queda
con Vallejo en este punto.

Tabaco
¿Con Vallejo?

Luzbel
    Es cosa cierta.

Tabaco
¿Cómo desde aquí lo sabes?

Luzbel
Son prodigiosas mis letras.

Tabaco
Sin duda habla en ti el Demonio.

Luzbel
Vaya, y verále con ella.

Tabaco
¿Teresa y Vallejo? ¡Celos!
¡Toca al arma! ¡Guerra, guerra!

(Vanse y salen doña María, dama, y Teresa, criada, don Diego y Vallejo, criado.)

María
No imagino que es prudencia
amar viendo el desengaño.

Diego
¡No vi rigor más extraño
ni tan cruel resistencia!

María	Ya digo, señor don Diego,
	que me pesa que os canséis.

Diego	Más de esa suerte encendéis
	mi amor y aumentáis mi fuego.

Vallejo	Y voacé, señora mía
	¿tiene condición tan dura?

Teresa   ¡Óigale, señor figura!

Vallejo   Ésa es poca cortesía.

Diego
    Ícaro seré, señora,
que con amoroso celo
quiero volar a este cielo
donde mi bien se atesora;
    mas como al Sol igualáis
en belleza y resplandor,
temo que con el rigor
las alas no deshagáis,
    y dejando esta presencia
como necio inadvertido
caiga en el mar del olvido
donde anegue la paciencia.

María
Estimo, como es razón
tanto amor y voluntad.

Diego
Pues, ¿cómo con tal crueldad
dais el premio a mi afición?
    ¿Os confesáis obligada
y no pagáis?

María	Es así;
	mas quiero entendáis de mí
	que yo estoy enamorada.
Vallejo	¿Es Tabaco más galán?
	Diga, señora Teresa.
Teresa	Eso, ¿quién no lo confiesa?
Vallejo	Conformes los dos están.
Diego	A Anajarte en piedra dura
	los dioses la convirtieron
	por ingrata, y en fin dieron
	tal pago a tanta hermosura;
	mas cuando en vos otro tanto
	quieran, viendo mi sentir,
	¿en qué os han de convertir
	si ya sois piedra a mi llanto?
María	No tuvo Anajarte amor
	a ninguno, y yo le tengo.
	Y si a desengañaros vengo,
	no es bien tengáis rigor.
	Decís que quiero a don Juan
	de Almeida.
Diego	¡Viven los cielos
	que rabio de amor y celos!
	¿Es bizarro? ¿Es galán?
María	Es a quien yo quiero bien,
	que basta.

Diego	Bien empleáis
	vuestro amor, discreta andáis.
(Aparte.)	(Muerte me dio este desdén.
	Aunque es bien evite el daño.
	Yo gustaba del rigor
	que camina en fuego amor
	y por hielo el desengaño.
	No me quiero dar agora
	de aquesto por entendido.)
Vallejo	Yo imagino que ha perdido
	la vergüenza mi señora.
Teresa	¿Yo? Ni sé qué color tiene.
Vallejo	Colorada dicen que es.
Teresa	Yo me informaré después.
Vallejo	¿Tan poca vergüenza tiene?
Diego	En fin, entre doce y una...
María	Entonces mi amor espera.
Diego	No entendí, señora, fuera
	tan dichosa mi fortuna.
María	Porque se vaya de aquí
	digo que esta noche vuelva.
Vallejo	¿Posible es que se resuelva
	dama melindrosa así?
	¿No pondrá su condición

algo de madurativo?

Diego
Ya con esperanza vivo
de alcanzar mi pretensión.

Vallejo
¿Qué tenemos, que te veo
un poquito más templado?

Diego
Tomó puerto mi cuidado.
Lograráse mi deseo.
    Aquesta noche me dice
que la vea por la reja.

Vallejo
No es razón que formes queja.
¿Hay amante más felice?
    ¡Agora sí que encajaban
cuatro o seis exclamaciones
poéticas!

Diego
                Tus razones
sentido y vida me acaban.

Vallejo
Refiere los disparates
de «Apresura Sol, tu coche,
venga la enlutada noche
porque mi bien no dilates»,
    y otras cosas de esta suerte
al vulgo tan enfadosas
por necedades odiosas.

Teresa
Señor Vallejo, ¿no advierte
    que yo también gustaré?
Acompañe a su señor
donde veré si su amor

es constante y tiene fe.

Vallejo   Fe, esperanza y caridad
en mi pecho junto viene.

Teresa   Pues solo con eso tiene
rendida mi voluntad.

María   Id con Dios.

Diego   Esclavo estoy
de vos por más triunfo y palma
que como acá queda el alma
con vos quedo aunque me voy.

Vallejo   Yo otro tanto decir puedo,
Teresa, pues tuyo soy.

Teresa   ¿Vaste?

Vallejo   Sí, aunque me voy
lléveme el diablo si quedo.

(Vanse [Vallejo y don Diego].)

María   ¿Fuéronse ya?

Teresa   Mi señora,
no vi amante más pesado.

María   Fingido un favor le he dado
si bien pienso que lo ignora,
y él venga esta noche a verme
por el balcón del jardín,

todo con intento y fin
de que se fuera.

Teresa   No duerme.
¿Qué es esta noche? ¿En doscientas?

María   ¿Si dio Tabaco el papel
a don Juan?

Teresa   Sí, pues con él
su amor y esperanza aumentas.
Y yo, por disimular
conociéndote, cedí
esperanza de que aquí
Vallejo me venga a hablar.

María   O es que lo forma el deseo,
Teresa, o veo a don Juan.

Teresa   Ciertos impulsos te dan
y aun yo entiendo que le veo.
Mira tú si le han traído
las razones del papel.

María   Ya sé de cierto que en él
mi amor está agradecido.

(Salen don Juan y Tabaco.)

Juan   Aunque es verdad que es razón,
señora, el pedir licencia
para entrar, desengaño
me ha dado franca la puerta.
Y más donde una deidad

asiste y naturaleza
puso con pródiga mano
el «plus ultra» en tales prendas.
Perdonad si me he tardado,
señora, que yo quisiera
en cosas de vuestro gusto
mostrar mayor diligencia.

María

Don Juan, mi bien, ¿qué es aquesto?
¿Cómo con tanta tibieza
vos a esta casa venís?
No sé el alma qué recela.
Alce del suelo los ojos.
¿Qué tenéis que os da pena?
Que yo no sé de mi parte
que ningún disgusto os venga.

Juan

Ya, hermosa doña María,
diciendo verdad empieza
la lengua en llamarla hermosa.
¡Ay de mí!

María

No hay quien te entienda.

Teresa

Mas, ¿qué hay celados duelos?

María

¿Celos? ¡Qué viles sospechas!
¿De un amor tan obediente?

Teresa

¿Mas que tenemos mareta?

Tabaco

Y aun tormenta conocida.

Teresa

Luego, ¿también él se queja?

Tabaco	Para todo habrá lugar.
María	No des al alma más penas.
	¿Qué es la causa de tu enojo?
Juan	Apenas el alba enseña
	por el oriente su luz
	y el Sol sus caballos muestra,
	cuando por mayor castigo
	se opone una nube negra
	volviéndola en caos confuso.
María	Don Juan, entender te deja.
Juan	Apenas mostró sus flores
	la agradable primavera
	cuando el cierzo de un disgusto
	las abrasa, tala y quema,
	cuando la pobre barquilla
	fluctuando por tormentas
	no bien al puerto ha llegado,
	cuando huracanes la anegan.
	Mas, ¿de qué sirven discursos?
	¿De qué el sentir aprovecha
	si todo, en fin, es mudable
	nada hay firme, todo rueda?
	Los cielos no están parados.
	Jamás su armonía cesa.
	Al mar caminan los ríos.
	Nunca sus aguas se quietan.
	Por el zodíaco hermoso
	da su ordinaria carrera
	el Sol, la Luna le sigue.

Movibles son las estrellas.
Desnuda el invierno helado
los troncos y los renueva
al tiempo de hojas y fruto.

María   ¿Qué intención es la que llevas?
         ¿Tú quieres que desespere?

Juan   Si todo es mudable, necia
         petición fuera la mía
         que firme mujer hubiera.
         A tu centro natural
         te volviste. ¡No aprovechan
         fingidas satisfacciones!

María   Pues, aunque inútiles sean,
         las quiero dar por mi gusto.

Juan   ¿Qué puedes dar por respuesta
         si aqueste papel conoces?

María   Mía es la firma y la letra,
         que no lo puedo negar.

Juan   Y aquí, ¿quién duda viniera
         don Diego de Castro a verte
         por otra, pues a la puerta
         le encontré cuando yo entraba?

María   ¿Y todas esas quimeras
         de mar, primavera, nave,
         cielos, zodíaco, estrellas,
         invierno, troncos y fruto
         vienen a dar en aquesa

fantasía o frenesí?
¡Ah, don Juan, que cosa es cierta
que el que sabe que es querido
está de grosero cerca!
Por la puerta de los celos
entráis. Mirad que esa puerta
ha de estar eternamente
cerrada, que hay diferencia
de quien soy a quien pensáis,
y porque es bien se agradezca
a su tiempo el desengaño,
ni vuestros ojos me vean
ni vengáis eternamente.

Juan (Aparte.)   (¡Por Dios, que al alma le pesa
de haberla dado disgusto!)

María (Aparte.)   (Ya mi corazón se anega
en llanto. ¡Ay, si está enojado
porque la vida me lleva!)

Tabaco   Esto acabó. ¡Juro a Cristo!
No hay que replicar, Teresa.
¿Más falsas lágrimas?
Bronce soy, no soy manteca,
¡oh falsa! ¿Tú con Vallejo?

Teresa   Si tan sin causa te alteras,
no sé, Tabaco, qué diga.

Tabaco   Pues, ¿por un lacayo dejas
este talle y este brío?
Por dicha, ¿en la plaza entra
cuando hay toros, cuando hay cañas,

nadie que los ojos lleva
del vulgo más que Tabaco?
Pues si a mí el toro se acerca,
dejando solo a mi amo,
busco la mejor taberna.
Pues si saco la de Juanes,
¿no pongo yo en la pendencia
delante cinco o seis calles?
¿Qué Rodamonte lo hiciera?

Juan   Dadme licencia, señora.

María   Vos os tenéis la licencia.

Juan (Aparte.)   (Importa mostrar valor.)

María (Aparte.)   (Muerta soy si va de veras.)

Teresa   ¿No se va, señor lacayo?

Tabaco   Iránse; que no son bestias.
                              Adiós, ninfa de cocina,
                              de las de escoba y espuerta.

(Vanse [don Juan y Tabaco].)

María   ¿Fuéronse ya?

Teresa   ¿Esto preguntas?
                              Muy melancólica quedas.

María   ¿Qué quieres? Llévame el alma.
                              ¿Qué quieres? ¿Dejarme muerta?
                              Llámale, así Dios te guarde.

(Entra Luzbel, de marinero.)

Luzbel   ¿El señor don Juan de Almeida
              está en casa?

María   No, señor,
              porque su casa no es ésta.
              Mas, ¿para qué le buscáis?

Luzbel   Quieren ya tirar la pieza
              de leva y se va la nave.

María   ¿Qué nave?

Luzbel   La que le lleva
              a Sevilla; que se casa
              con la más rara belleza
              que tiene el Andalucía.

María (Aparte.)   (Aquí es bien el juicio pierda.)
              ¿Que a casarse va don Juan?

Luzbel   Sí, y ya quieren dar las velas
              al viento.

María   ¡Ruego al cielo
              que tu vil sepulcro sea
              el centro frío del mar
              en sus pálidas arenas!
              ¡Júpiter rayos despida
              que esta fábrica soberbia
              desde la gavia a la quilla
              la deje en cenizas hecha!

¡Derrotados huracanes
y cerúleos montes vengan
que en pedazos la dividan
sobre las espumas crespas!
¡Infernal rémora estorbe,
ingrato, el rumbo que llevas
y falte un delfín piadoso
que en hombros te saque a tierra!
¡Aguarda, tirano, ingrato,
desagradecido! ¡Espera
aunque es verdad que no más
de pensamiento me llevas!
Teresa, un manto me da.

Teresa   ¿Señora?

María   No me detengas,
que amor y celos me abrasan
el alma y me la atormentan.

(Vase.)

Teresa   Desesperada la miro.
Sin duda que aquestas nuevas
las ha traído el Demonio,
que otro no.

[Vase.]

Luzbel (Aparte.)   (Ignorando aciertas.)
    Tiran a un perro con violenta mano
piedra, en castigo de que rabia o muerde,
si bien huye el rigor no el tiempo pierde
el diestro brazo sin tirarla en vano.
    Mas viendo, al fin, el animal villano

que a quien se la tiró no coge, en verde
espuma el canto masca, que recuerde
es justo del dolor fiero inhumano.
    Piedra es el hombre, si por él desmedra
de la gracia de Dios, y los lucientes
coros muralla de su débil hiedra.
    Y así, yo con mortales accidentes,
tengo, si cojo esta arrojada piedra,
[de] hacer menuda arena con los dientes.

(Vase. Salen el duque de Viseo y la duquesa, de camino, y tres pescadores.)

Pescador 1   ¡Hermosa y fresca mañana!
                       Al mar sopla vendaval
                       levantando espuma cana,
                       y en la tumba occidental
                       sepulta el carro Diana.
                           Y del oriental farol
                       se ve luz y haciendo salva
                       las aves a su arrebol,
                       pide la camisa al alba
                       para levantarse el Sol.

Pescador 3   Parece, hermosa señora,
                       que con sus lenguas el mar
                       la bienvenida os da agora,
                       y respira blanco azar
                       en aquestos campos Flora;
                         que aqueste jardín procura
                       con su amorosa frescura
                       decirlo en voces suaves
                       y en simple solfa las aves
                       celebran vuestra hermosura.

Duquesa	Dios os guarde, que mostráis el amor que me tenéis.
Pescador 2	Vos en todo nos honráis y así servida seréis en lo que aquí nos mandáis.
Pescador 1	¿Qué causa, señora, ha sido de que el duque mi señor a Belén haya venido?
Duquesa	De una novena el amor presumo que le ha traído.
Duque	Nueve días estaremos en este convento santo.
Pescador 3	En este tiempo os haremos lisonja, aunque me adelanto con la barca y con los remos; que esta mañana en el mar, señores, la red echamos y espero en Dios de sacar pescado con que os sirvamos ya que no os podemos dar otra cosa.
Duque	¿Qué queréis por el lance que saquéis primero?
Pescador 3	Habéisme afrentado, que todo el mar dilatado, a ser mío, bien podéis

entender que mi deseo
lo pusiera a vuestras plantas
por más insigne trofeo,
sin pagar mercedes tantas;
que siempre nos hacéis.

Duquesa   Creo
   que te ha levantado el mar
un poco.

Pescador 1   Señora, sí,
la esfera quiere tocar
y el elemento turquí
quiere en las olas frisar.

Duque   Fortuna corre un bajel
si no me engaño.

Pescador 1   Y la mar
está bramando por él.

Pescador 2   No sé si podrá librar
la gente que viene en él.

Duquesa   Dios te libre y dé favor.
Pésame de haber salido
a la ribera.

Pescador 1   Señor,
yo pienso que sumergido
le tiene el mar.

Duquesa   ¡Qué rigor!

Pescador 3	En nuestras redes ha dado fondo, y a pique se fue.
Duque	Tirad, tirad con cuidado, amigos.
Pescador 2	Bien cierto sé que no traeremos pescado, mas por lo que se ofreciere, compañeros, ¡venga, venga! ¡Y venga lo que viniere!
Pescador 3	No he visto qué peso tenga.
Duque	Yo os mando, por lo que fuere, para un barco mil escudos.
Pescador 2	En tu alabanza los mudos pueden hablar, gran señor.
Pescador 3	Ya la red pasó el rigor de aquestos peñascos rudos, y en el arena la vemos.
Pescador 1	Pienso que un bulto traemos con que el cuidado se abona.
Pescador 2	¡Vive el cielo, que es persona que del mar librado habemos!
Pescador 3	Si no me engaño, es mujer de bizarro parecer, suelto el cabello, desnuda.

Duque	¡Digo que es mujer! ¡No hay duda!

(Sacan a doña María, desmayada.)

Duquesa	Dejádmela, amigos, ver.
	¡Eso es sin duda! No vi
	rostro con tanta hermosura.
Pescador 2	¿Levantarémosla?
Duque	Sí.
	pues Dios la dio tal ventura
	casi anegada.
María	¡Ay de mí!
Duque	El cielo santo es testigo
	que en extremo lo he estimado.
Duquesa	¡Prodigioso lance!
Pescador 1	Digo
	que lo es. En sí ha tornado.
	¿Señora?
María	Dios sea conmigo.
Duquesa	Ponedla esta ferreruelo
	para que se abrigue.
María	El cielo
	os pague esta diligencia.
Duquesa	¡Qué hermosura! ¡Qué presencia!

Duque	Tomad, señora, consuelo;
	pues de la muerte os habéis
	librado y con vida os veis.

| María | Ya saber quién sois deseo. |

Duque	Es el duque de Viseo
	el que presente tenéis,
	y la que veis a mi lado
	mi esposa. Y si os ha dejado
	aliento el mar, nos decid
	aqueste suceso.

María	Oíd
	si no os canso o no os enfado.
	Nací, príncipes excelsos,
	de gente ilustre en Lisboa
	espantándose de mí
	la naturaleza propia;
	porque entendió que nacía
	una mujer y dio forma
	a una fiera, a un basilisco
	de la Libia ponzoñosa.
	Mi madre murió del parto
	y cual víbora me arroja
	a sus pies casi sin vida
	y la suya Átropos corta.
	Nací a catorce de Marzo,
	crítico al fin cuando toman,
	si es que hay hados, las desdichas
	y fortuna rigurosas.
	Aquella noche temblaron
	estos montes y estas rocas

y las naves de este mar
se abrieron unas con otras.
Oyeron tristes aullidos
de animales en las bocas
de la cuevas de estos riscos,
luces a modo de antorchas,
de mil lóbregos nublados
el cielo su espacio entolda
y relámpagos y truenos
todo este horizonte azotan.
Y a media noche un cometa
cuyos efectos asombra
a España y Ingalaterra,
dicho por personas doctas.
A tres amas arranqué
el pecho, no habiendo en toda
Lisboa quien me criase
sino una cabra piadosa,
que quitándole el hijuelo
su pezón puso en mi boca,
alimentando un sujeto
de tantos buenos deshonra.
Llegué a edad de dar cuidado
y a pasiones amorosas
rendí mi libre albedrío
porque el tiempo a nada estorba.
Pretendida de galanes
más que Zaida, Lamia y Flora
he sido, a quien los antiguos
celebraban tanto en Roma.
Por mí ha habido mil pendencias,
escándalos y deshonras,
alborotos, muertes, siendo
principal causa de todas.

Puso los ojos en mí
un mancebo, y cuando llora
por él el alma, me dicen
—no sé si es pasión celosa—
que va a casarse a Sevilla,
y yo entregando a las olas
mi vida y mis esperanzas,
tomé la misma derrota.
Alteróse el mar cual veis
y visité las alcobas
del alcázar de Neptuno
entre bascas y congojas.
Y cayendo en estas redes,
sacada he sido a la roja
arena, a pesar del viento
y desenfrenado Bóreas.
Y ya al cielo agradecida
si bien que tanto me importa,
prometo ser de Domingo,
aunque indigna, religiosa.
De Santo Domingo quiero
el hábito, gran señora,
y pues siempre el hacer bien
es en vos acción tan propia,
amparad una mujer
que humilde a vuestros pies llora
por afligida y por triste,
por desdichada y por sola.

Duque   ¿Y cómo os llamáis?

María   María.

Duque   Gustaré que correspondan

con el nombre vuestros hechos.

Duquesa	Mi prima doña Victoria es en el Consolación, según me han dicho, priora. Yo os daré para ella cartas.
María	Ya pongo a esos pies mi boca.
Duque	En fin, ¿monja queréis ser?
María	Si el cielo no me lo estorba.
Duque	Divino es aqueste impulso, que a una grande pecadora Dios puso en su apostolado.
Pescador 1	¿Viose suerte más dichosa?
Pescador 2	Turbado estoy y confuso.
Pescador 3	¡De nuevo el mar se alborota!
Duque	Vamos.
Duquesa	Ruego a Dios, María, que por santa os llame Europa la monja de Portugal.
Duque	Dios os haga buena monja.

Fin de la primera jornada

Jornada segunda

(Salen don Diego y Tabaco.)

Diego
En fin, ¿que su padre fue
quien a Madrid le envió?

Tabaco
Y también dicen partió
a Nápoles, o quedó
en esta insigne ciudad,
que es octava maravilla
y a quien el orbe se humilla
en grandeza y majestad.
¿Cómo vienes de salud?

Diego
Gracias a Dios, salud tengo;
mas con un disgusto vengo
que causa al alma inquietud.

Tabaco
¿No saliste con el pleito?

Diego
Sentencia tengo en favor.

Tabaco
Huye de un pleito el rigor,
que yo en la paz me deleito.
Más que por los tribunales
dejando aparte el dinero
de uno en otro consejero
presentando memoriales.

Diego
Mas esto aparte dejando,
¿cómo está doña María?

Tabaco
Gentil pregunta, a fe mía,

aunque la estaba aguardando.

Diego   ¿Podré verla?

Tabaco   Lindo cuento.
No tiene la religión
monja con tal perfección.
Es blasón de su convento.
   En dos años que de ausencia
has hecho de esta ciudad,
hallarás tal novedad
tal mudanza y diferencia
   que te admires y te espantes.

Diego   ¿Qué dices?

Tabaco   Es una santa.
Da ejemplo que al mundo espanta.

Diego   Huélgome que te adelantes
   en contar un imposible
para aumentar mi deseo.

Tabaco   ¿No lo crees?

Diego   Si lo creo
aunque parece increíble.

Tabaco   Y a tanto con Dios se aplica
que ven, y es negocio llano,
como al Serafín Humano
sus llagas le comunica
   en manos, costado y pies,
y están impresas de suerte

que solo podrá la muerte
borrarlas.

Diego   De que me des
      tales nuevas no me pesa
     aunque en el siglo me holgara
     hallarla.

Tabaco   Eso es cosa clara.

Diego   Servirla mi amor profesa.

Tabaco   ¿Qué dices?

Diego   No fuera amor
     a no emprender imposibles.

Tabaco   Son pensamientos terribles.
     Mira qué intentas, señor.

Diego   ¿Y Teresa?

Tabaco   ¡Pesia a tal,
     y qué tecla que has tocado!
     Es mi amor, es mi cuidado,
     y pienso será inmortal
      en mi memoria aunque tiene
     el hábito y profesó.
     Que esto es lo que siento yo.

Diego   Pues a los dos nos conviene,
      si eres Ulises astuto,
     para logar nuestro intento
     que hoy entres en el convento.

Tabaco	¿Estás loco? ¡Guarda puto!
	No prosigas, vive Dios,
	que aunque perdidos estamos
	de amor, si tal intentamos
	que estamos ciegos los dos
	porque está tan recogida
	que pienso el Sol no la ve.
	Mira tú, ¿si yo podré,
	aunque nuestro amor lo pida,
	hacer tal temeridad?
	Porque es tal su fama y loa
	que no ha quedado en Lisboa
	persona de calidad,
	ni en Portugal que por verla
	diligencias no haya hecho
	y son todas sin provecho.
Diego	Pues yo no pienso perderla.
Tabaco	Es admiración del mundo.
Diego	¿Que en tanta opinión está?
Tabaco	A verla dicen vendrá
	el gran Filipo segundo
	y el gran duque de Medina
	Sidonia, general Marte,
	viene con el estandarte
	que ya por guión camina
	de esta Armada y con razón
	pues todos han dicho ya
	que buen suceso tendrá
	si lleva su bendición.

        Mas, aunque disimulando
        estoy mi amor, y te confiesa
        que me muero por Teresa,
        y estoy aquí suspirando...

Diego   Pues si llevas un papel
        y con la respuesta vienes,
        cincuenta ducados tienes.

Tabaco   Iré volando con él.
          Digo que seré Sinón.
        En todo te serviré,
        y por tu gusto entraré
        en Troya el Paladión.

Diego   Ya sabes que da la huerta
        del convento con mi casa.

Tabaco   Ya lo sé.

Diego   Si amor te abrasa
        demás que la entrada es cierta
          verás a Teresa.

Tabaco   Aplaco
        con su nombre mi penar.
        Así la hiciese tomar
        un polvito de tabaco.

(Vanse y salen doña María, doña Juana y Teresa, de monjas dominicanas.)

Juana   Écheme su bendición,
        señora doña María,
        pues vemos que el cielo envía

por su amor y perfección
   tanto bien a este convento
y con donde le regala.

María
                  No hay en él cosa tan mala,
esto digo y esto siento.
   Vuestra merced se levante.
No esté delante de mí
de esta suerte.

Teresa (Aparte.)
                    (No entendí
que esto pasara adelante.
   Sin pensar he profesado.
Mi libertad cautivé.
Ya, pobre de mí, ¿qué haré?
¿Qué Demonio me ha engañado?
   Yo, que en aquesta ciudad
era la mayor buscona,
y no dejaba persona
de estado ni calidad
   que no estafaba y pedía
hasta el paje y el cochero,
escudero y despensero,
y cuando a casa venía
   las mangas y faltriqueras
las traía reventando,
y agora, ¿me estén mandando
estas urracas parleras?
   Pues, ¿qué diré de un cruel,
ingrato, inconsiderado
que aun al torno no ha llegado
a recibir un papel?
   Pero ya tendrá Tabaco
por allá otra tabaquera.

¡Ay de la que desespera
entre el ayuno y el saco!)

Juana   Mil gracias doy al Señor
por ver tan alto milagro.

María   Alma y vida le consagro
por tan inmenso favor.

Juana   Quiero, por lo que interesa
mi amor, que hicieses agora...

María   Diga, señora Priora;
que no me mande me pesa.

Juana   Doña Margarita, hermana
de don Pedro, mi cuñado,
en un papel un recado
me ha enviado esta mañana
   diciendo este lienzo llegue
al pecho en que está la llaga.

María   Razón es que satisfaga
su petición.

Juana   No me niegue
   tanto bien, que está a la muerte
y con don tan singular
tendrá por cierto el sanar.

Teresa (Aparte.)   (¿Quién no mira, quién no advierte
   en maravilla tan grande?
Todo el lienzo ensangrentado
le ha sacado del costado.)

María	Tome y gustaré me mande
	en cuanto fuere servida.

Juana

¡Oh, inmenso Dios, que así pagas
a tus criaturas! Las llagas
nos dan señal conocida
    que al hermano Serafín
igualas. ¡Oh Gran Señor,
en la caridad y amor
porque ese rojo carmín
    y ese encendido clavel,
que tenéis en pies y manos
son testigos soberanos
de que divino vergel
    os hizo, pues lo ha sembrado
flores de oro tan precioso
vuestro amante, vuestro esposo
rendido y enamorado!

María

Gustaré que sola un rato
me deje vuesa merced,
que tengo que orar.

Juana

            Creed
que de vuestro gusto trato.
    Rogadle a Dios que me haga
sierva tuya.

María

            Yo lo haré
pues que tenemos por fe
que del corazón se paga.

Juana

Vámonos de aquí, Teresa,

	pues la ocasión nos obliga.
Teresa	De que a la calle no diga
	sabe Dios lo que me pesa.
Juana	¿Posible es que no te inclines
	a la virtud?
Teresa	¡Gentil cuenta!
	¿Cómo tengo de ir contenta
	sin cenar a los maitines?

(Vanse.)

María	¿Con qué desvanecido pensamiento

¿Con qué desvanecido pensamiento
un imposible intento?
¿Qué atrevimiento altivo
es éste? Pues con él a escuras vivo,
¿en qué me fundo? ¿Cómo
tan errado camino y senda tomo?
Que fluctúe en el mar veloz nave.
¿Qué mucho? Pues se sabe
que impelida del viento
levanta crespa espuma al movimiento,
y camina ligera
la artificiosa estancia de madera.
El avecilla simple se sustenta
del campo y se alimenta
en la región del viento,
y se puede decir tiene su asiento,
La fiera el monte habita
que vidas roba y esperanzas quita.
La concha nacarada perlas cría,
la mina el oro envía,

si bien rústicamente.
El Sol cada mañana en el oriente
nos muestra su luz pura,
desterrando la noche triste, oscura.
Todo tiene principio, origen tuvo,
mas no sé dónde hubo
intento como el mío
ni tan desatinado desvarío
pues quiero en el convento
me den de santa venerado asiento.
Santa pretendo parecer a todos
por diabólicos modos.
La vanagloria ha sido
quien me venció y está tan recibido
que del ocaso a oriente
ha pasado la voz de gente en gente.
Con un rojo barniz las llagas pinto.
¡Oh, extraño laberinto!
Y pico mi cabeza
con un hierro sutil cuya agudeza
me forma la corona
propia de espinas que mi frente abona.
Y cuando comunico del costado
la sangre —¡vil cuidado!—
la tengo en una esponja.
¡Faltando santa cuando sobro monja!
¡Qué intentos temerarios!
¿Dónde caminan mis discursos varios?

(Sale Luzbel.)

Luzbel   Aquí de mi saber no se arrepienta
con los discursos que en su mente alienta.
No pierda la victoria

que de ella me alcanzó mi vanagloria.
Invisible la asisto.

María   Un imposible conseguir conquisto.

(Al oído.)

Luzbel   ¿De qué este sentimiento es de provecho
                         si en pies, manos y pecho
                         las llagas te acreditan,
                         de suerte tal que las sospechas quitan
                         al más sutil sentido?

María   No sé qué aliento mi consuelo ha sido.
                         Venció la vanidad, que hay en mí tanta
                         que ofendo a Dios porque me llamen santa.

Luzbel   Desde el septentrión al mediodía,
                         y de la Scitia fría
                         al Etiope adusto
                         tu fama ha de volar.

María   ¡Qué inmenso gusto
                         regala a mi memoria
                         con el recuerdo de su vanagloria!
                         Parece que en lo dulce de su estruendo
                         el sueño los sentidos va [...iendo].
                         Descanse un rato del afán penoso
                         que inquieta la virtud con el reposo.
                         Que después en mis llagas cautelosas
                         pondré las superficies mentirosas.

(Recuéstase a dormir en unas almohadas.)

Luzbel	Entre varias ideas batallando
	y en las llagas pensando
	se ha quedado dormida.
	Hállese, pues, de mi amistad servida;
	que así su intento loco satisfago
	y después le daré su justo pago.
	Venid presto, pintores,
	las llagas le poned con sus colores.
	Ven tú con los pinceles, Vanagloria,
	que de eterna memoria
	dé este prodigio al mundo
	suceso a los mortales sin segundo.
	Adulación, Lisonja,
	parezca santa esta engañosa monja.
	Respétela el convento
	y tú, Deleite, saca el instrumento.

(Salen la Vanagloria, la Lisonja, la Adulación, y el Deleite, demonios galanes, con tablas y pinceles, y el Deleite trae una vihuela.)

Vanagloria	Aquí a tu gusto nos tienes.
	Mira, príncipe, qué mandas.

Luzbel	Que a esta falsa religiosa
	pongáis de nuevo las llagas,
	pues cuando ella se las pone
	de vosotros se acompaña,
	pues os tiene en su memoria
	invisibles su arrogancia.

Vanagloria	Aquí traigo la color
	que la refina y realza
	la sangre que vertió Amor
	en el convite.

| Luzbel | Es bizarra. |
| | Yo estaba en la mesa entonces. |

Lisonja	La que yo traigo es de tanta
	que vertieron en Siquén
	los hijos de Jacob.

| Luzbel | Basta. |
| | A Dina incité y creyóme. |

Vanagloria	Y mi tabla es de las tablas
	que Moisés rompió en el monte,
	viendo desvergüenza tanta
	por adorar el Becerro.

Luzbel	Fuertemente se enojaba
	el tartamudo, pues siendo
	de piedra, sobre las tablas
	del Sinaí, piezas las hizo.
	Deleite, ¿cómo no cantas?
	Di alguna cosa de gusto.

| Deleite | Vaya por el tuyo. |

Luzbel	¡Vaya!
	Y vosotros entre tanto
	haced que pintáis las llagas.

(Canta el Deleite.)

Deleite	«Quien no se estima en el mundo
	no le estima el mundo en nada,
	y el humilde nunca deja

que pueda decir la fama.»

Luzbel   No prosigas, que ya vienen
a mi pesar, de dar gracias
al que a mí me las quitó,
las religiosas.

Lisonja   Pintadas
están ya como mandaste.

(Salen doña Juana y Teresa con linterna.)

Juana   No sé qué recela el alma
de esta religiosa y vengo
maliciosa a examinarla.

Teresa   También yo a lo mismo vengo.

Juana   Siempre de quedarse trata
sola, pero ahora la puerta
sin cerrar dejó olvidada.

Luzbel   A examinar su virtud
han venido doña Juana
y Teresa. Mi cautela
quedará así acreditada.
Suspenderéla en el aire
formando algunas palabras
que en sus oídos parezcan
que son de ella pronunciadas,
con que creerán su virtud.

(En las almohadas, como está dormida, se levanta a una elevación y habla
como en sueños.)

María	¡Oh, grandeza soberana!
Juana	Hablando está y no podemos ver con quién es.
Teresa	¿Qué más clara su santidad se ha de ver? ¿No la ve que está elevada en el cielo?
Juana	¡Oh, maravillas de su piedad sacrosanta! De mi intento arrepentida pediré a sus pies postrada perdón.
Luzbel	Pues ya se ha logrado mi intento, a tierra bajadla, porque despierte y su engaño acredite mi esperanza.
(Va bajando.)	
Juana	Inmenso Dios, a tu poder alabe cuanto hay criado: el ave con rústica armonía y simple solfa, cuando salga el día, os consagre alabanzas pues que vieron el fin mis esperanzas.

(En acabando de bajar, despierta y salen las monjas al tablado.)

María	¡Qué dulce rato! ¡Qué apacible sueño

de mi memoria ha sido feliz dueño!

Juana

Dichosa he visto cuanto con Dios gana
vuestra merced.

María

    Señora doña Juana,
¿ya han salido del coro?
Soy una pecadora, no lo ignoro,
si por poco cuidado
esta noche maitines no he rezado.

Juana

¿Qué maitines, señora, si en el cielo
por vuestro amor y celo
estáis con Dios hablando?

María

Ya sé que me reñís con pecho blando
mi mucha insuficiencia.

Teresa (Aparte.)

(Yo no creyera tal en mi conciencia.)

María

Descuido grande ha sido,
mas que me perdonéis humilde os pido.

Juana

Callemos las grandezas que hemos visto
pues ella disimula.

Teresa (Aparte.)

    (Mal resisto
el placer que en el pecho
apenas caber puede.)

Juana

Yo sospecho
que el duque habrá llegado.

María

Yo también le esperaba con cuidado.

60

Señora doña Juana, pienso es hora
de ir a rezar al coro.

Juana   Sí, señora,
bien es volver al templo.
¡Tal santidad no he visto y tal ejemplo!

(Vanse.)

Luzbel   Aun burlando me mata.
¡Que trate de virtudes esta ingrata!

Vanagloria   ¡Notablemente la tienes
a esta religiosa falsa,
príncipe, en prisión por ser
vanagloriosa y liviana!

Luzbel   Yo daré presto con ella,
si puedo, en eternas llamas.

Lisonja   Todo te es posible a ti.
Solo te faltó la gracia.

(Sale por arriba Tabaco arrebozado con una manta.)

Tabaco   Como gato por enero
que por los tejados anda,
vengo sin saber por dónde.

Luzbel   Ya está Tabaco en la trampa.

Tabaco   ¿Quién Tabaco ha nombrado?
¡Válgame Santa Pelagia,
pues de su vida sabemos

fue también enamorada!
Quiero descolgarme agora.
No me hará daño la manta
que junto a la noria hallé.
Aquí abajo quiero echarla
porque no dé el golpe en duro,
que podrá ser que de manta
aquesta noche me sirva.

Luzbel   ¡Qué contento el necio baja!

Tabaco   ¡Ah, Teresa, en qué me pones!

Luzbel   ¡Ea, dadle en las espaldas,
ministros, la colación
por el desacato!

Todos   ¡Vaya!

(Danle.)

Tabaco   ¡Válgame Dios! ¿Qué es aquesto?
¡Un Flor Santo [a mí me] valga!
No quiero andar por menudo
con los santos y las santas.

Luzbel   Dadle otra vez.

(Danle.)

Tabaco   ¿Qué es aquesto?
Si Dios de aquesta me saca,
inunca más! Pero al molino
como dicen. ¿Quién me manda

por una monja gallega
que pienso tiene dos varas
de cintura, a verme en esto?
¡Oh, hazaña desatinada!
No sé donde pongo el pie.
¡Oscuridad tan extraña
pienso que no vi en mi vida!
Parece que curan sarna
aquí porque huele a azufre.
¡Ah, licor de Ribadavia,
quién agora se estuviera
metiéndote en sus entrañas!

Luzbel   Haced lo que os he mandado.

Tabaco   ¡Válgame el cielo! ¿Quién habla
que me ve y yo no le veo?
¡Tirando están de la manta!
Díganme quién son, señores,
si una cortesía hidalga
algo puede.

Luzbel   Los demonios.

Tabaco   ¡Justicia, guarda la gamba!

Luzbel   Por tener atrevimiento
de haber escalado casa
adonde el culto divino
se celebra y le dan gracias
a su dueño, os castigamos.

Tabaco   Señor diablo, ya que es tanta
mi desdicha, que no sé

quién está aquí, ni quién habla,
enséñeme alguna puerta
o algún postigo que salga
a la calle o campo.

Luzbel   ¡Bueno!
Conozco que tiene gana,
mas yo no.

Tabaco   ¿Por qué, señor?

Luzbel   Porque lleve lo que falta.

Tabaco   ¿Qué falta?

Luzbel   No se apresure.

Tabaco   ¡De los dos brazos me agarran,
y tienden como sarmiento!

Luzbel   ¡Ea, salid!

Tabaco   ¿A quién llama,
señor Demonio de bien?
¡Así la Virgen me valga!
¡Que se apiade de mí!

Luzbel   ¡A compás!

Tabaco   ¿Qué es compás?

Todos   ¡Vaya!

Tabaco   ¿Vaya? ¿Qué es aquesto? ¡Ay triste!

En los aires me levantan.
Mantear a un hombre honrado,
¡vive Cristo!, que es infamia.
Señores diablos, ¡por Dios!,
les suplico que me hagan
merced que [ya] descansemos.

Luzbel   Aquí cantando descansan.
Dejadle.

Tabaco   ¡Sí, por su vida!
Siendo Tabaco, me para
de esta suerte. ¿Y [está] con éstas
tan recibido en España?

Luzbel   Estálo en gente perdida
de la her[ej]ía y de ignorancia,
añadiendo vicio al vicio
y disimulando faltas.
Váyase, que ya es de día,
que aunque está oscura esta cuadra,
el Sol esos montes dora.

Tabaco   ¿Por dónde?

Luzbel   Esa es puerta falsa.
Tome su manta y camine.

Tabaco   Sobre esta manta una albarda
merezco yo por querer
a la monja o la pintada.

(Vase.)

Luzbel   Él va como ha merecido.

Vanagloria   Las religiosas aguardan
                          con el estandarte al duque,
                          César décimo en la fama.

Luzbel   Esta armada es contra mí.
                          Yo defenderé mi causa
                          inquietando el mar de suerte
                          que al cielo toquen sus aguas.
                          Derrotaré los bajeles.
                          No quedará vela o jarcia
                          que malograda no vean
                          entre las espumas canas.
                          Verán cerúleos olimpos.
                          Haré a Neptuno que salga
                          de entre sus pálidas ovas
                          de su marítimo alcázar.

(Vanse, tocando música de chirimías o clarines y salen por un palenque el
duque de Medina [Sidonia], el de Viseo y el de Berganza. El duque de Medina
armado con una estandarte en que vaya pintado un Cristo y las armas reales.
Por encima del tablado en una capilla las monjas y abajo un altar con dos velas
ardiendo.)

Berganza   A vueselencia, señor,
                          aumente el cielo la vida
                          para ejemplo y para amparo
                          de la cristiana milicia
                          pues vemos en tal sujeto
                          un animoso Leonidas,
                          un Alejandro guerrero,
                          un Julio César, que a Amiclas
                          dijo en la barca, «No temas,

aunque en las estrellas frisan
las olas, que va contigo
mi fortuna». Y dando envidia
al orbe, asunto a la fama,
la heroica empresa lo diga
cuando el buen Alonso Pérez
de Guzmán al moro envía
el puñal para su hijo
desde el muro de Tarifa,
hazaña que dando ejemplo
en bronce ha quedado escrita.

Duque   Señor duque de Berganza,
no he deseado en mi vida
si no es hoy, culto lenguaje.
La ignorancia desanima.
Y así vuestras alabanzas
dejo que el tiempo las diga
y la fama en lo futuro,
de ser eternas tan dignas.
Que vuestros méritos viendo,
blasones que inmortalizan,
estirpe tan generosa
y que a los reyes se arrima.
Hable el alma, no la lengua
porque se siente encogida
de turbada, no el deseo,
pues el corazón le anima.

Viseo   En todo vueselencia
como tan copiosa mina
da valor, y honras promete;
pues ven que las aguas mismas
de la Barra de Sanlúcar

con sus lenguas lo acreditan.

Duque   Señor duque de Viseo,
como se ven tan propicias
en vos todas las virtudes,
¿qué sirve que yo las diga?
No digo más de que viene
hoy el Duque de Medina
a decir que le mandéis.

Berganza   ¡Gran señor!

Viseo   ¡Mil años vivas!

Tabaco   Ya la reverenda monja
que era ayer doña María,
ha quitado el velo al rostro
escaseando la vista.

Duque   Santa mujer, que en el cielo
estás, y con Dios habitas
por obras, que es imposible
que humana lengua las diga,
el católico Filipo,
Salomón segundo, aspira
a la extirpación y muerte
de la proterva herejía.
Piadoso celo le mueve,
cristiano celo le inspira,
santo fervor le alimenta,
católico ser le incita.
La proterva Ingalaterra,
con otras rebeldes islas
que están al septentrión

68

y el norte en sus hielos mira,
con gran parte de Alemania,
con fines de Escocia y Frisia,
siguen al Demonio, dando
sacrificios y primicias.
Parado cual ha juntado
una armada cuya vista
causa con horror amor
a quien piadoso la mira.
Querer aquí referir
la religiosa milicia,
los bajeles que en el mar
tiene el contrario a la vista,
cuyas alentadas proas
y bien alentadas quillas
abren surco donde siembre
el grano la fe divina,
era contar las estrellas
que en el firmamento habitan,
olas y arenas del mar,
cuando entraran las de Libia.
Y así este santo estandarte
aquesta devota insignia
sobre aqueste altar le pongo
a intento que le bendigas.
Tu bendición le acompaña
que, si con él camina,
felice suceso espero
y buen fin le pronostican.

María   Dios le haga venturoso.

Duque   Con eso llevo la dicha
               segura.

Berganza	La gente vaya marchando hacia la marina.
Duque	Ya empiezan a disparar las naves la artillería.

(Disparan. Tocan música y vanse.)

Teresa	Óyeme, señor hidalgo.
Tabaco	¿Quién llama?
Teresa	La humildad mía, y la que ha dejado el siglo por la ausencia de esa vista.
Tabaco	¿Es mi señora Teresa?
Teresa	Dijera que era la misma a no estar tan macilenta del ayuno y disciplina. Ya soy en este convento una santa, una bendita. No como si no lo masco.
Tabaco	¡Válgame Santa Cecilia! ¡Y qué lástima tan grande!
Teresa	Óigame una cosa.
Tabaco	Diga.
Teresa	¿Es verdad que va a la guerra?

Tabaco	Pues si soy la valentía misma, ¿tengo de quedarme?
Teresa	¿Por motín se precipita? ¡Jesús, y qué necio es! En poco el vivir estima. ¿Qué me ha de traer de allá?
Tabaco	¿El pedir no se le olvida, siendo santa?
Teresa	Siendo monja, ¿cómo puedo?
Tabaco	Santa mía, si Dios a España me vuelve, la traeré cosa de risa: dos franceses empanados, tres ingleses en cecina. Y, porque alentado vaya, écheme una banda o cifra.
Teresa	Daréle dos bofetadas, que amor también se confirma.
Tabaco	Si con tal pieza de leva a Ingalaterra me envías, quédate para fregona.
Teresa	Vete, lacayo.
Tabaco	Adiós, piltra.

(Vanse. Sale doña María con una bujía encendida y unas Horas en la mano.)

María   ¿Qué me quieres, pensamiento,
si de efecto no ha de ser?
¿De qué te sirve querer
hacer en el alma asiento?
Bien es verdad que el contento
me falta, mas el quejarme
ya es en balde, y consolarme
imposible. ¿Dónde voy
con Horas? Que aun tal estoy
que no acierto a persignarme.
   ¿Toscos y negros chapines
he de romper y sufrir,
y a media noche acudir
desvelada a los maitines?
Cuando telas y espolines
a la vista el siglo enseña,
¿estoy en celda pequeña,
pobre, y en la religión
mis mayores galas son
dos túnicas de estameña?
   ¿Quién aquí me cautivó
en tan miserable vida?
Sea monja una impedida
no una mujer como yo.
Ya es sin duda que llegó
el justo conocimiento.
Quiero dejar el convento.
Mis años quiero gozar;
que es imposible pasar
tal disgusto y tal tormento.
   ¡Oh, si aquel don Juan, mi amante,
a quien por seguirle yo

este despecho causó,
supiese mi amor constante!
¡Que en desdicha semejante
me haya entregado al olvido
quien fue de mí tan querido!

(Sale Luzbel y mata la luz.)

Mas ya la luz se me ha muerto.
No rezaré aunque no acierto
ya por estar sin sentido.
    Parece que pasos siento.
¿Quién ha entrado aquí?

Luzbel   Yo soy
don Juan, que contigo estoy
oyendo tu sentimiento.

María   ¡Válgame Dios, qué portento!
¿Es ilusión tu venida?

Luzbel   No hay cosa que a amor impida,
pues solamente por verte
puse en brazos de la muerte
la esperanza de la vida.
    Cuanto ha pasado he sabido
desde que en mi busca fuiste.
Y del modo que saliste
del mar fiero y atrevido.
Mis industrias han podido
facilitar este intento.
Las paredes del convento
salté. A tu celda llegué,
donde dichoso escuché

tu amoroso pensamiento.

María   Con mi temor —iay de mí!—
               lucha a un tiempo mi recato.

Luzbel   Solo de servirte trato.
               No receles. Si de aquí
               te quieres salir, en mí
               hallarás favor, que estoy
               rendido a ti.

María   Ya te doy
               crédito. Mira qué quieres.
               Llévame donde quisieres
               pues sabes que tuya soy.

Luzbel   A Italia, Francia o Flandes
               te llevaré por tu gusto.
               Tenle en todo que no es justo
               que entre miserias tan grandes
               estés.

María   Digo que me mandes.

Luzbel   [...]
               Determinarte procura.
               Desecha todo el pesar
               que ninguna he de igualar
               a tus galas y hermosura.

María   Ya de Amor en la cadena
               estoy rendida y amante.

Luzbel   Y ya en mí el amor constante

de mí mismo me enajena.

María   De mi voluntad ordena.

Luzbel   ¡Ay de mí! Que por mi daño,
aunque de la luz extraño
como jamás la deseo,
rompiendo los aires veo
con su luz al Desengaño.
    ¿A darla luz viene, cuando
la tengo yo en mi prisión?

María   ¡Cielos! ¿Qué hermosa ilusión
viene mi celda ilustrando?

(Baja el Desengaño con una hacha encendida de lo alto.)

Luzbel   Mira que te estás cansando
y en balde tu luz porfía.
¡Y Él que con ella te envía!
Di, ¿qué propósito tienes?
Vuélvete por donde vienes
pues ves que esta prenda es mía.

Desengaño   Mujer, huye las tinieblas.
Mira que te está llamando
para tu bien, dando voces
con su luz el Desengaño.
Mira que un soplo es la vida
y es quien procura tu engaño
el Demonio, que los vicios
te han puesto en tan triste estado.
¡Hola! ¡Hau! Ave perdida,
mira que te está llamando

el divino cazador
como le costaste tanto.
Pasará la primavera
de tus juveniles años
y luego con su rigor
vendrá el invierno agostado.
No aguardes a que el cabello
que iguala del Sol los rayos
en blanca nieve le veas.

María   ¡Válgame el cielo! ¡Temblando
          estoy, que éste es el Demonio!
          ¡Jesús!

Luzbel   Es cansarte en vano
          que la tengo en mi poder.

Desengaño Mientes, soberbio tirano,
          que yo la daré mi luz,
          pues para aqueso la traigo.
          Vuelve en ti, mujer, no aguardes
          que el transparente alabastro
          de esa frente apetecida
          se convierta en nogal pardo.
          El nácar de estas mejillas,
          bellos ojos, cerca en arco,
          no aguardes que en verde gualda
          las vuelva el tiempo volando.
          Las perlas de aquesos dientes,
          el clavel de aquesos labios,
          se ha de acabar, que esta vida
          es un sueño momentáneo.

(María esté llorando.)

Verás en ébano triste
el marfil de aquesas manos
si a las de Dios no te acoges
que te está su amor llamando.
Cuando en gustos y deleites
goces fiestas y saraos,
tocará la muerte al arma
que es poderoso contrario.

Luzbel   Vete y déjala.

Desengaño   No quiero,
que en esto mi oficio hago;
pues Dios me ha dado esta empresa
y está acabarla a mi cargo.

María   ¡Clemencia, mi Dios, clemencia!

Luzbel   ¡No la verás!

Desengaño   Pues, dejando
aquí mi luz, la ha de ver.

(Hinca el hacha en el tablado y sube el apariencia con el Desengaño.)

Luzbel   Fuese, y su luz la ha dejado.
Perdido soy. Ya reniego
de cuanto en el estrellado
globo asiste.

María   A esta luz veo
cuán feo que es el pecado.
¡Valedme, Jesús!

Luzbel	Ya es tarde.
	El cielo te ha condenado.
	Faltó la misericordia
	de esperarte.
María	Llorando
	lágrimas el corazón,
	pido, Señor, vuestro amparo.
	Señor, pequé.
Luzbel	¡Pesia al cielo,
	el inventor de los psalmos
	con otro tanto alcanzó
	perdón de injustos agravios!
María	Déjame tomar la luz,
	que pues Dios me quiere tanto,
	quiero serle agradecida.
Luzbel	¡No has de llegar!
María	¡Suelta, falso!
Luzbel	¿Cómo ya de mí te olvidas?
María	Fui engañada con tus lazos
	y llegó el conocimiento
	con la luz del Desengaño.

(Coge María el hacha. Éntrase María por una puerta, y el Demonio por otra y dase fin a la segunda jornada.)

Fin de la segunda jornada

Jornada tercera

(Salen Alberto y don Juan.)

Alberto
    Mira que bastan, don Juan,
de reclusión quince días.

Juan
Para mis melancolías
no entiendo que bastarán.
    Ya he probado a consolarme,
y presumo es imposible.

Alberto
¡Caso, por Dios, increíble!

Juan
Y será mejor dejarme.

Alberto
    Pues, ¿no dirás la ocasión
y la causa de este efeto?

Juan
A saberla, te prometo,
tuviera poca razón
    en negártela, pues eres
mi padre.

Alberto
    Dices verdad.

Juan
Ésta es una enfermedad
que cuando saber quisieres,
    por diligencia curiosa,
la causa, la medicina
nada en esta determina
por ser tan dificultosa;
    que es amor con que nacemos
y cuando empieza a reinar,

sufrir, morir y callar,
que aquestos son sus extremos.

Alberto   Diviértete con amigos.
Galas y caballos tienes.
Di, ¿con qué disgusto vienes?
Que los cielos son testigos
  que la gente principal
de esta ciudad te desea.
Sal donde el vulgo te vea.

Juan   No hay a mi desdicha igual.
(Aparte.)   (¿Posible es que la ocasión
que a Lisboa me ha traído
monja es? Pierdo el sentido
de pena. ¡Qué confusión!)
  ¿Tan grande es la que me ha dado
que alegrarme es imposible?

Alberto   Ya, don Juan, estás terrible
y me tienes con cuidado.
     ¿Estuviste en Roma?

Juan   Sí,
cuando a Nápoles pasé.
En Génova me embarqué
y fondo en San Ángel di.
  Tomamos tres caballeros
la posta; a verle salimos
y a España juntos venimos.

Alberto   ¿No te faltaron dineros?

Juan   No, que en entrando en España

con don Rodrigo encontré,
y al Perol con él llegué,
puerto ilustre que el mar baña
   de la Coruña, y de allí
salió la infeliz armada,
vistosa cuan desdichada
y a Ingalaterra partí
   con el duque.

Alberto   ¡Por mi fe
que es mucho lo que perdió
España!

Juan   ¡Mal sucedió!
En todo, señor, me hallé.
   La desgracia ha sido mucha.

Alberto   Holgárame de saber
la causa. Hazme este placer.
Cuéntamelo todo.

Juan   Escucha.
   Esta armada poderosa
que a Ingalaterra envió
el rey, toda ser perdió.
No hay que decir otra cosa;
   ni sé si por tiempo airado
o gobierno... —¿atento estás?—,
y no puedo decir más.

Alberto   Brevemente lo has contado.

Juan   ¿Qué querías? ¿Que estuviese
dándote prolija cuenta

pintándote una tormenta
y larga relación diese?
 ¡No faltará un coronista
que escriba aquesta verdad!
¡Si bien no es necesidad
aunque testigo de vista!
 Que más me importa saber,
señor, de doña María.

Alberto	¡Por Dios, donosa porfía!
	Pues, ¿no acabas de creer
	que la tiene el Santo Oficio
	reclusa que el Sol no ve?

Juan	¡Ay mi adorada! No sé
	cómo no pierdo el juicio.

Alberto	Embustera la han hallado.
	Ya su altiva presunción
	castigó la Inquisición.

Juan	Brevemente lo has contado.

Alberto	¿Qué querías? ¿Que estuviera
	cansándome en disparates?
	Más de esa mujer no trates.
	En tu pensamiento muera.
	Déjala, que don Alberto
	de Austria, Gobernador,
	General Inquisidor,
	su embuste supo tan cierto
	que castigada la tiene
	y no con poca aspereza.

Juan

¿Es posible tal belleza
rigor tanto a pasar viene?

Alberto

Y a ti también. Imagino
que será mejor dejarte.

(Vase.)

Juan

No ha de ser el tiempo parte
—¡Oh sujeto peregrino!—
para dejar de quererte,
y que, por mayor victoria,
no estés siempre en mi memoria
a pesar de olvido y muerte.

(Sale Tabaco.)

Tabaco

¿Dura siempre la tristeza?

Juan

Y la tendré eternamente
mientras que viviere ausente
de la singular belleza
de doña María.

Tabaco

¡Bueno!
¿La vida estimas en poco
o quieres volverte loco?

Juan

Tabaco, por ella peno.
Mientras más dificultad
hay de verla, mi deseo
más se enciende.

Tabaco

Yo te creo;

mas es grande necedad
   que a mujer tan embustera,
tan falsa, tan mentirosa
y ya al vulgo tan odiosa
por diabólica hechicera,
   y a quien le dio el Santo Oficio
tal castigo y penitencia
quieras.

Juan   No hace resistencia
lo que dices.

Tabaco   Das indicio
   de que te tiene hechizado.

Juan   Dices verdad. ¡Su hermosura!

Tabaco   Del pensamiento procura
echarla y será acertado.

(Sale Luzbel.)

Luzbel   Si en mí cupiera temor,
dijera que le tenía.
¡Oh, pesia la luz del día!
¡Que pase con tanto amor
   doña María la pena
que en tan triste prisión tiene
y a ganar el cielo viene
ya cautiva en mi cadena!
   ¿Sois vos el señor don Juan?

Juan   Yo lo soy. ¿Qué me queréis?

Luzbel	No en balde opinión tenéis
	de bizarro y de galán.
	Esta mañana llegué
	aquí al torno de un convento
	a parlar...

Juan	Es pensamiento
	que entre curiosos se ve.

Luzbel	...y me dio una religiosa
	este papel para vos.

Juan	Dádmele acá, ¡vive Dios!,
	que el corazón no reposa
	hasta saber qué será;
	que disparate sería
	decir que a doña María
	largas la prisión la da,
	si la tienen en clausura
	donde apenas el Sol ve.

Tabaco	Gusto mucho que voacé
	en tal oficio procura
	emplearse; que promete
	ser hombre de agilidad.
	Y si va a decir verdad
	toca un punto en alcahuete.

Luzbel	Si vuesarcé mira en puntos
	¿cómo está tan consolado
	si presente ya le han dado?

Tabaco	¿A mí, qué?

Luzbel	Mil palos juntos.
Tabaco	¿Dónde o cómo?
Luzbel	En un convento que por las tapias entró.
Tabaco	¡Ya no de los palos, no! De que lo sepan me afrento.
Luzbel	¿Y no tuvieron razón?
Tabaco	¿De qué?
Luzbel	No faltan testigos que le dieron siendo amigos a oscuras la colación. Diabólica fue la traza. ¿Fue conserva de membrillo, berenjena o limoncillo?
Tabaco	No fue sino calabaza.
Luzbel	[Hay] calabazas también me han dicho a mí. Claro hablo.
Tabaco (Aparte.)	(Sin duda habla en éste el diablo.)
Juan	No sé yo en el mundo quién tuviera mayor ventura. Doña María me dice que... ¡tendré suerte felice! ¡Y en mí vive su hermosura! ...que del convento la saque.

¿Quién vio de amor tanta prueba?
No pudo venirme nueva
que más mi tristeza aplaque.

Luzbel
    Por el gusto que mostráis
entiendo que os he servido.

Juan
Estoy muy agradecido
y así ved qué me mandáis.
    Llegaos acá. Aquí me envía
a decir mi religiosa,
la criatura más hermosa...

Luzbel
Sé lo que es doña María.

Juan
    ...que vos me habéis de enseñar
el lugar.

Luzbel
    Dice muy bien
porque en el mundo no hay quién
como yo os pueda ayudar.

Juan
    Esta pobre cadenilla
tomad por hacerme gusto.

Tabaco
Sí hará, que no será justo,
sino grande maravilla
    no ser cortés en tomar
quien de su trabajo vive.

Juan
Quien este favor recibe,
¿ya qué tiene que aguardar?
    ¿Dónde queréis esperarme?
Que me voy a prevenir.

Luzbel	Adonde habéis de acudir
	y con el silencio hallarme
	es a la esquina que tiene
	el ciprés, junto a la fuente.
Juan	Allí acudo diligente.
(Vase.)	
Tabaco	¿Esta estafeta nos viene?
Luzbel	Sírvase el señor Tabaco
	de hablar; que su amigo soy.
Tabaco	El que dijere que estoy
	afrentado es un bellaco.
	Y a entender dado me habéis
	con muy claro testimonio
	o que habláis con el Demonio
	o la mágica sabéis;
	mas, pues el agravio traza
	que riña y me desenoje,
	pues no hay guante que os arroje,
	os arrojo esta almohaza.
	¡Mas, no!
Luzbel	¿Por qué si con ella
	remedias agravios tales?
Tabaco	Porque me costó dos reales
	y me quedaré sin ella.
(Vase.)	

Luzbel	Veneno voy repartiendo
	de lo que en el pecho crío.
	Y, pues por oprobio mío,
	de mis prisiones huyendo
	esta monja, y ya esta santa,
	se ha librado por mejor,
	[debo] quitarla el honor.
	¡Si a mí, con ser yo, me espanta
	viendo que estando los dos
	con tan amorosos lazos
	de mis cautelosos brazos
	se ha pasado a los de Dios!

([Sale] don Diego.)

| Diego | No quiero entienda don Juan |
| | que dura el enojo en mí. |

| Luzbel | Aquéste es don Diego. Así |
| | buenos mis intentos van. |

| Diego | ¿Sois de casa, caballero? |

Luzbel	No, señor, que en ella entré
	a preguntar, que no sé
	al fin como forastero,
	si por ventura vivía
	don Diego de Castro aquí.

| Diego | Yo soy don Diego. |

| Luzbel | ¿Vos? |

Diego	Sí. ¿Qué, vuesa merced quería?
Luzbel	El cuidado de buscaros de esa suerte me excusáis.
Diego	Mirad lo que me mandáis que en todo pienso agradaros.
Luzbel	Aquí en la Consolación me ha dado una religiosa un recado... —Esto no es cosa nueva ni da admiración— ...para vos, porque sería melindre el no conceder al ruego de una mujer.
Diego	¿Y quién es?
Luzbel	Doña María me dijo que se llamaba.
Diego	¿Vístela vos?
Luzbel	Sí, señor, y aun pienso que os tiene amor.
Diego	Hoy mi desdicha se acaba. ¿Qué es el recado?
Luzbel	Un papel.
Diego	¿Y ella le dio por su mano?

Luzbel	Si le traigo caso es llano.
Diego	Ya mi boca pongo en él. Más besos que letras tiene le quiero dar. ¿Es posible que aquesta suerte invencible a darse a mis ruegos viene? Quiero leer, si me deja el placer que he recibido.
Luzbel (Aparte.)	(Notable industria ha sido. Tendrá remedio mi queja. No me puede Dios hacer más pesar del que me ha hecho. Y así pienso a su despecho imposibles emprender aunque venga el desengaño con sus luces o quimeras, rompiendo las once esferas por mi oprobio y por mi daño.)
Diego	Ya he leído, y no sé cómo loco no estoy de contento; mas entrar en el convento, ¿cómo ha de ser?
Luzbel	Pues yo tomo a mi cargo ese cuidado. [Entrar al punto podréis] si acaso gusto tenéis.
Diego	Estoy tan enamorado que por gozar su hermosura perdiera el alma y la vida.

Mirad si es de mí querida.
Mas dicen que está en clausura
  tan grande que es imposible
aun el día pueda ver.

Luzbel   Yo quiero, señor, hacer
ese imposible posible;
  que donde la luz del día
no entra, puedo yo entrar.

Diego   ¡Que en fin la tengo de hablar!
¿Cómo está doña María?

Luzbel   ¿Has visto hermosa azucena
que las hojas quiere abrir
o quiere el alba reír
después de noche serena?
  ¿Has visto almendro florido,
que escapando del rigor
de marzo, muestra la flor
elevación del sentido?
  Pues alba, azucena, almendro,
no tienen tal bizarría
como esta doña María.

Diego   De nuevo en mi pecho engendro
  amor, deseo y cuidado.
Este diamante tomad
y el ser pobre perdonad.

Luzbel   Conozco estoy obligado.

Diego   ¿Cuándo iremos?

Luzbel	A la una
	de la noche.
Diego	Decís bien.
Luzbel	Yo os pondré con ella.
Diego	¿Quien
	tuvo en amor mi fortuna?

(Vanse y sale doña María de penitente.)

María   Si aquí, ¡ay, mi Dios!, satisfago,
como es razón, las ofensas
que os he hecho, ¿qué más dicha,
ni qué ventura más buena?
¡Qué piadoso sois, Señor!
Pues permitís que la tierra
no se abra y que me sepulte,
si bien soy indigna de ella.
En aquesta oscuridad
oculta, vivo contenta,
teniendo el suelo por cama,
por cabecera una piedra.
No he visto la luz del día
desde que en aquesta cueva
estoy, todo es noche oscura
y tenebrosas tinieblas.
Penitenciada me tiene
aquí el Santo Oficio. Sea
por Dios. Lo que debo pago.
Solo de mí formo quejas.
Pienso que las religiosas
vienen, pues siempre con ellas

traen luz, y ya la diviso
por el umbral de la puerta.
Quisiera no ser nacida
por no pasar esta afrenta,
aunque a todo estoy conforme
y ruego a Dios que así sea,
que mis pecados son tantos
que exceden a las arenas
del mar; mas tengo consuelo
que aunque más culpas y ofensas
os haga, sé que es mayor
la misericordia vuestra.

(Doña Juana y Teresa, con linterna y un vaso de agua y un poco de pan encima.)

Juana   ¡Doña María!

María   Aquí estoy.
Muy en hora buena vengan,
señoras, vuesas mercedes.

Juana   Mas ¡qué humilde y qué compuesta
aquí la señora está!
¡La imagen de la soberbia!
Tome el pan y tome el agua,
que no lo merece advierta.

(Aparte.)   (Sino que a lástima obliga
el verla en tanta miseria!)
¡Acabe! ¿Cómo está así?
¿Cómo no se pone en tierra?
¿Cómo ha de estar? ¿Qué es aquesto?
¡Vil, desvanecida, necia,
la de las llagas fingidas!

¿Que tuvo tanta clemencia
la Inquisición? Mas es Dios
quien allí se representa,
pues que [son] sus atributos,
sin ninguna diferencia,
justicia y misericordia.

Teresa   ¿Habrá quien aquesto crea?

Juana   Sin duda que es mal nacida,
            que la infame sangre engendra
            pensamientos afrentosos,
            y no dudo que lo sea.

María   Dígame más, doña Juana.

Juana   ¡Óigase! ¡Tenga vergüenza!
            ¡Cómo habla!

María   ¡Diga, diga!
            ¡Qué bien estas voces suenan!
            ¡Ay, si fuera aquesto parte,
            mi Dios, para que yo os viera
            desenojado conmigo!

Teresa   El corazón se me quiebra
            de pesar viéndola así;
            que en fin en el siglo era
            señora a quien yo serví.

Juana (Aparte.) (En verdad que queda buena.)
            Nuestra religión, señora,
            muy lindo blasón le deja,
            y podrá bien igualarse

al que nos vino de Siena.
Muriendo estoy de pesar.
¡Por mi vida que quisiera
que para mayor castigo
fuera en público esta afrenta!
Ya sabe que han de pisarla,
por eso tenga paciencia
quien fue tan desvanecida.

María

Ya estoy a todo dispuesta.
¡Písenme bien, pisen, pisen!
Que ajustada con la tierra
tengo la boca y los ojos,
y crean que estoy contenta.

Juana

¡Ea, quédese con Dios!

(Vanse.)

María

Pues, ¿cómo sin luz me dejan
siquiera para comer?
Aquí se aumentan mis penas.
No siento el sustento tanto
como de la luz la ausencia,
que en efecto es compañía.
Y si en la paz y en la tierra
tanto se siente, ¿qué hará
donde habrá eternas tinieblas
mientras que Dios fuese Dios,
sin ver la divina esencia
el alma? ¡Qué gran desdicha!

(Sale Luzbel.)

Luzbel (Aparte.)	(De mis oscuras cavernas otra vez vuelvo a incitarla si es que industrias aprovechan. ¿No soy quien al mismo Dios tentó una vez con las piedras, atrevido, y en la torre segunda vez, y tercera en el pináculo altivo? Pues no me hará resistencia una mujercilla flaca y puesta en tanta miseria. El agua y el pan la quiero apartar porque no tenga qué comer, y de esta suerte fácil saldré con la empresa.)
María	Desmayo es el que me ha dado. Imagino que es flaqueza de no comer. Por aquí el pan y el agua me dejan; mas no acierto adonde está. No puedo hallarlo. ¡Paciencia, señor cuerpo! No hay comer hasta que otra vez le vengan con más agua y con más pan. Y en tanto que aquesto sea, beberé la de mis ojos, y ruego a Dios la merezca.
Luzbel	¡Doña María!
María	¿Quién llama?
Luzbel	Quien es razón que se duela

	de ver en tal desventura
	malograr tanta belleza.
	Yo te sacaré de aquí.
María	¡Ah, traidor! ¡Que aun aquí intentas
	inquietarme! ¡Dios me valga!
	¡Señor, vuestra ayuda venga!

(Vase.)

Luzbel	Para más confusión mía
	a la parte de la cueva
	más lóbrega se ha tornado.
	¡Que tan poco pueda! ¡Oh, pesia
	al cielo y cuanto hay criado
	en la tierra y las esferas!
	Juro por el Flegetonte
	y la laguna Letea,
	por el Lago Estigio, donde
	condenadas almas tiemblan,
	de no desistir un punto
	hasta verla en mi cadena.
	Doña Juana vuelve acá.
	Importará que me vea
	para proponer mi intento
	y dar a mi embuste fuerzas.

(Sale doña Juana.)

Juana	Aunque es verdad que su culpa
	como escala tiene puesta,
	el natural sentimiento
	quiere a consolarla venga.
	[Parece que hay gente aquí,]

que la luz de la linterna
me lo dice. ¡Jesús mío!
¿Qué novedad es aquesta?
¿Quién eres, hombre?

Luzbel   Yo soy
el que servirte desea,
y en cosas que a Dios agradan.

Juana   Harás que el sentido pierda.
¡Religiosas del convento,
acudid presto!

Luzbel   La lengua
suspende; que Dios me envía
a darte de un caso cuenta,
para que el remedio pongas.

Juana   ¡Ay de mí!

Luzbel   Sosiega, espera.
¿Ves aquesta religiosa
que encerrada en esta cueva
penitente y recogida
pasa vida tan estrecha?
No está olvidada del siglo;
mas de los vicios se acuerda,
pues en tan mísero estado
dos galanes la festejan.
con sensual apetito.
Cada noche están con ella
asaltando con escalas
las paredes de la huerta.
Dios manda darte este aviso

	y si quieres la experiencia
	ver, yo haré que el desengaño
	de los que digo parezca.
(Aparte.)	(Yo me voy por donde vine.)

(Vase.)

Juana	Temblando quedo y suspensa
	el alma, y un sudor frío
	tiene impedidas las venas.
	No en balde está en la prisión
	doña María contenta.
	Y dice que se conforma
	con Dios. Yo te haré, embustera
	que se te aumente el castigo.
	Voy al coro que la media
	ha dado para la una.
	Quien del principio no es buena
	tarde se vio reducida
	o nunca propone enmienda.

(Vase y baja don Juan por una escala.)

Juan	Sin duda que la estancia donde habita
	y la que solicita
	mi amor y mi deseo,
	si no vengo engañado, es la que veo.
	¡Oh, insaciable apetito,
	pues que tal imposible solicito!
	Un hombre junto a mí vi. Me ayudaba,
	y que la escala echaba
	al muro de esta huerta
	ofreciéndome entrada libre y cierta.
	En fin, verla quisiera

mas imagino se quedó allá fuera.
Aunque me dijo estaba rodeada
de hiedra y enramada
la boca de la cueva
que como imán a mis sentidos lleva
el silencio me ayuda
ofreciendo saber la noche muda,
que tenebrosa que se ofrece y triste,
de negras nubes viste
las cándidas estrellas
sin que muestre su luz ninguna de ellas,
y la vista se atreve
a la luz del relámpago, aunque breve.
Temerosos aullidos de animales
en tonos desiguales
he oído, imagino
que seguir esta empresa es desatino;
ya hazaña al cielo odiosa
incitar a una oculta religiosa.
Mas ya el conocimiento es sin provecho;
pues abrasado el pecho
de amor, la busca y quiere,
y ha siglos mil que por su vista muere.
Aquí, ¿quién me acobarda?
Esta es la puerta. Romperéla.

(Dentro.)

Voz   ¡Guarda!

Juan   ¡Válgame Dios! ¡Qué voz tan temerosa,
horrible y espantosa!
Me dijo «guarda», y veo
una espada de fuego. Agora creo

que esto es hechizo todo.
A no dejar la empresa me acomodo.
Al pie de este laurel, árbol ingrato
al amoroso trato
del Dios Apolo, espero
la ocasión aguardar. Aunque primero
me importa ver si gente
es quien salta las tapias libremente.

([Sale] don Diego por otra escala.)

Diego   ¡Hola, buen hombre! Fuese y me ha dejado.
¡Vive Dios, que a mi lado
agora le tenía
y que me echó la escala que traía!
Confuso y triste quedo;
mas es la noche tal que causa miedo.
No te llaman en balde encubridora
de insultos, pues agora
me ofreces lugar tanto,
dando ayuda a mi amor tu negro manto.
Por las señas que tengo
éstas las ramas son. No en balde vengo.
Siente el pez en el agua el fuego ardiente
del amor inclemente.
En su región el ave
canta [amor] al amor con voz suave.
La fiera más horrible
conoce del amor el mal terrible.
Si todo de amor siente cruel efeto,
¿qué delito cometo
en querer la hermosura
mayor que el mundo tiene si ventura
aquí me da la mano?

Juan   Digo que es hombre. No sospecho en vano
que ya la noche pienso que declina
y el alba se avecina,
y de este modo veo
la sospecha que más saber deseo.

Diego   ¡Aquí mi amor! ¿Qué tarda
si tengo la ocasión delante?

(Dentro.)

Voz   ¡Guarda!

Diego   ¡Guarda, me han dicho [ya]! El cielo defiende
y mi intento suspende
pues vi sobre su puerta
una espada de fuego. Cosa es cierta
que es grave mi delito,
si inquietar una monja solicito.
Detrás de aquel laurel, si no me engaño,
un hombre veo. ¡Qué extraño
suceso, vive el cielo!
Sí, un hombre es, ¡vive Dios! Y ya recelo
la espada ilusión era
de esta santa fingida y hechicera.
Hasta que el Sol enseñe en el oriente
su luz resplandeciente
entre rosados velos,
aquí tengo de estar. Veré mis celos
si ilusiones han sido.

Juan   Escondido
estaré [yo].

Diego   [Aquí yo] estaré escondido.

(Sale María.)

María   Aprovechemos el tiempo,
                    mi Dios, que si el tiempo pasa
                    hallaré tiempo sin tiempo,
                    porque el tiempo que se pasa
                    sin vos, no es buen pasatiempo.
                      Si la gloria te asegura
                    el llanto, alma, procura
                    tu salvación, pues que vienes
                    a ver que en las manos tienes
                    tiempo, lugar y ventura.
                      Ventura, tiempo y lugar
                    tengo, Señor, y me atrevo
                    con mis lágrimas llegar
                    a vos cual Ícaro nuevo,
                    Sol divino, mar de amar.
                      Tiempo y lugar conocido
                    veo, y quiero así buscaros,
                    Señor, con pecho atrevido
                    porque la gloria de amaros
                    muchas hay que la han tenido.
                      No quiero por el dolor
                    mis deseos malograr,
                    dígalo el alma, Señor,
                    y vos, pues queréis mostrar
                    la quinta esencia de amor.
                      David viéndose perdido
                    a un pequé se ha reducido,
                    y aunque le ven perdonado
                    muchos la gloria han buscado

pero pocos han sabido.
   Pocos son, pues imaginan
que con deleites y vicios,
Señor, al cielo caminan
y a los torpes ejercicios
más que a la virtud se inclinan.
   Si el descanso le asegura,
Señor, al que por vos muere,
vuestro amor, ¿qué bien procura?
¡Qué ciego está el que no quiere
gozar de la coyuntura!

Juan

   Si no me engaño, he oído
la voz de doña María
desde esta rama escondido.

Diego

A gozar la luz del día
ya de la cueva ha salido.

Juan

   ¿Cómo dicen que el amor
siempre infunde atrevimiento,
y a mí me pone temor?

Diego

Aquí turbado me siento
y el corazón sin valor.
   Yo que tanto he deseado
ver esta ocasión, ¿qué tengo?
Siento el pecho desmayado.

Juan

¿Qué es esto? ¿Cómo a estar vengo
tan triste y desconfiado?

María

¡Ay de mí! ¿Qué dirán
si de la cueva he salido?

La prisión me doblarán.
Ya el Sol de luz ha vestido
los árboles que aquí están.
   No he visto la luz del día
desde que en la cueva entré,
y como sin luz vivía
en ellas siempre apliqué
la vista a la fantasía.
   Por la falta de sustento
que tengo en esta prisión
de la muerte el rigor siento.
¡Si ya en aquesta ocasión
de lágrimas me alimento!
   Quiero volverme —¡ay de mí!—
porque si me ven aquí
con razón se han de enojar.

Juan	Necedad es no llegar pues que lo más emprendí. Esperad, doña María.
María	¿Quién me ha nombrado?
Juan	Don Juan.
María	¿Qué ilusión, qué fantasía es ésta?
Juan	Tus ojos dan ocasión al alma mía.
María	¿Por dónde entraste?
Juan	¿Por dónde?

| | A amor nada se le esconde |
| | y que muero por ti advierte. |

| María | No tengo que responderte |
| | si el cielo por mí responde. |

Diego	Hablando con un galán
	está. ¡Vive Dios! Yo llego
	pues descuidados están.

| María | ¡Ay de mí! |

| Juan | ¿Quién es? |

| Diego | Don Diego. |
| | ¿Quién lo pregunta? |

| Juan | Don Juan. |

María	Señores, ¿no conocéis
	el sacrilegio que hacéis
	en escalar un convento?
	Decid, ¿con qué pensamiento
	entráis si en prisión me veis
	ya en los brazos de la muerte?
	Con este sayal vestida
	¿qué me queréis? ¿Quién no advierte
	que es un sueño aquesta vida?

| Diego | Quien tanto pena por verte. |

| Juan | Yo por ti he sido llamado. |

| Diego | Yo por ti llamado he sido. |

María	El Demonio os ha engañado.
Juan	Yo un papel he recibido tuyo.
Diego	Y otro a mí me han dado que es el que presente tengo.
María	Ya la paciencia prevengo. De turbada miro y callo.
Juan	Porque no puedas negallo por el testigo [yo] vengo.
Diego	Mostrad, si negocio es llano, quien su embuste no penetra. No hay qué decir. Caso es llano; que son de una misma letra y los escribió una mano.
Juan	¿Qué dices, monja fingida, embustera religiosa?
Diego	No hay quien la verdad impida. Bien mereces, mentirosa, estar en tan triste vida.
Juan	Pues, ¿cómo a dos caballeros traes engañados así?
Diego	No seremos los primeros.
María	Señor, responded por mí,

que mi honor quiero ofreceros.

([Salen] el duque de Viseo, el de Berganza, Luzbel y las monjas.)

Berganza   El señor cardenal Alberto de Austria,
                  gobernador de Portugal, y siendo
                  general, por sus méritos dignísimos,
                  en la Suprema Inquisición nos manda
                  hacer la diligencia a que venimos.

Viseo   Vuesa merced, señora doña Juana,
                  entienda que es forzosa diligencia.

Juana   Haga lo que mandare vueselencia.
                  Las religiosas recogidas tengo
                  que no pudo ser menos.

Viseo   Justo acuerdo.

Berganza   ¿Con dos hombres decís?

Luzbel   Y fácilmente
                  el desengaño se verá presente.
                  Y mira vueselencia lo que digo
                  como quien es de vista buen testigo.

Berganza   ¡Por vida de mi rey! Que son dos hombres
                  los que con ella están. ¿Qué desvergüenza
                  es ésta? ¿Qué es aquesto? Éste es delito
                  que merecen les corten las cabezas
                  por sacrilegio tal.

Viseo   Don Juan, don Diego,
                  ¿qué desacato es éste? Deudos míos

entrambos son, señor.

Diego   Estoy turbado.

Juan   Yo, de afrentado, a responder no acierto.

Luzbel (Aparte.)   (Con mis industrias la quité la honra
ya que en la vida dispensar no puedo
y a su pesar con la victoria quedo.)

Juana   Doña María, ¿es bueno aqueste ejemplo?
¿Así el castigo en vos ha aprovechado
la humilde en prisión?

Teresa   ¿Quién tal creyera?
De la que mala ha sido, ¿qué se espera?

Berganza   Llévenlos a una torre con diez guardas
hasta que se les mande lo que fuere
justo en castigo de este atrevimiento.

Diego   Yo obedezco, señor.

Juan   Yo estoy contento.

Berganza   Y a esta mujer la doblen las prisiones,
y quiten la mitad de la comida,
por sus delitos pena merecida.

María   Mi Dios, misericordia, que ya el alma
quiere al cuerpo dejar. Perdón os pido.

Teresa   En tierra desmayado se ha caído.

110

(Tocan chirimías y aparécese en lo alto un niño Jesús en la cruz con alas de serafín. Pónese María de rodillas al pie de la plana.)

Niño   María.

María   ¿Señor divino?

Niño   Ven, que tu esposo te llama
                y ya los brazos abiertos
                para recibirte aguarda.

María   Ya voy, Señor de mi vida,
                luz y consuelo del alma,
                que vuestra vista enamora.

Juana   ¡Qué maravilla tan rara!

Niño   Ven a mí.

María   Ya voy, Señor,
                que siguiendo esas pisadas
                es imposible perderme,
                pues con vos se alegra el alma.

Niño   Los trabajos que has tenido,
                los disgustos, y las ansias
                y penitencias que has hecho
                hacen volverte a mi gracia.
                La noche oscura pasó;
                llegó la alegre mañana
                y tras el invierno triste
                la primavera gallarda.
                En mi corte gozarás
                el mismo premio que alcanzan

Magdalena penitente,
pues con María Egipciaca
estarás también, María.

María

Los ángeles os den gracias
por maravillas tan grandes;
porque como andáis a caza
de almas, [...] divino
en manos y pies las alas
mostráis, alegrando al mundo;
mas ya el aliento me falta.

Niño

Valor, esposa.

María

    Señor,
esta pecadora aguarda
que su espíritu amparéis.
A Vos le encomiendo.

Viseo

¡Rara
maravilla! Ya expiró.

Luzbel

¡Que tanto lágrimas valgan!
Quiero, afrentado y corrido,
irme a mis eternas llamas.

(Húndese con fuego.)

Berganza

El Demonio era sin duda
que perseguía esta santa.

Viseo

El desengaño se ha visto.

Berganza

Y aquí, señores, acaba

la monja de Portugal,
tan conocida en España.

Fin de la comedia

Libros a la carta

A la carta es un servicio especializado para
empresas,
librerías,
bibliotecas,
editoriales
y centros de enseñanza;
y permite confeccionar libros que, por su formato y concepción, sirven a los propósitos más específicos de estas instituciones.

Las empresas nos encargan ediciones personalizadas para marketing editorial o para regalos institucionales. Y los interesados solicitan, a título personal, ediciones antiguas, o no disponibles en el mercado; y las acompañan con notas y comentarios críticos.

Las ediciones tienen como apoyo un libro de estilo con todo tipo de referencias sobre los criterios de tratamiento tipográfico aplicados a nuestros libros que puede ser consultado en Linkgua-ediciones.com.

Linkgua edita por encargo diferentes versiones de una misma obra con distintos tratamientos ortotipográficos (actualizaciones de carácter divulgativo de un clásico, o versiones estrictamente fieles a la edición original de referencia).

Este servicio de ediciones a la carta le permitirá, si usted se dedica a la enseñanza, tener una forma de hacer pública su interpretación de un texto y, sobre una versión digitalizada «base», usted podrá introducir interpretaciones del texto fuente. Es un tópico que los profesores denuncien en clase los desmanes de una edición, o vayan comentando errores de interpretación de un texto y esta es una solución útil a esa necesidad del mundo académico.

Asimismo publicamos de manera sistemática, en un mismo catálogo, tesis doctorales y actas de congresos académicos, que son distribuidas a través de nuestra Web.

El servicio de «libros a la carta» funciona de dos formas.

1. Tenemos un fondo de libros digitalizados que usted puede personalizar en tiradas de al menos cinco ejemplares. Estas personalizaciones pueden ser de todo tipo: añadir notas de clase para uso de un grupo de estudiantes, introducir logos corporativos para uso con fines de marketing empresarial, etc. etc.

2. Buscamos libros descatalogados de otras editoriales y los reeditamos en tiradas cortas a petición de un cliente.

www.ingramcontent.com/pod-product-compliance
Lightning Source LLC
Chambersburg PA
CBHW031536040426
42445CB00010B/566